BERTOLT BRECHT

»Als ich nachher von dir ging«

Erotische Gedichte

Ausgewählt
von Raimund Fellinger und
Matthias Reiner

Mit Radierungen von
Pablo Picasso

Insel Verlag

Insel-Bücherei Nr. 1408

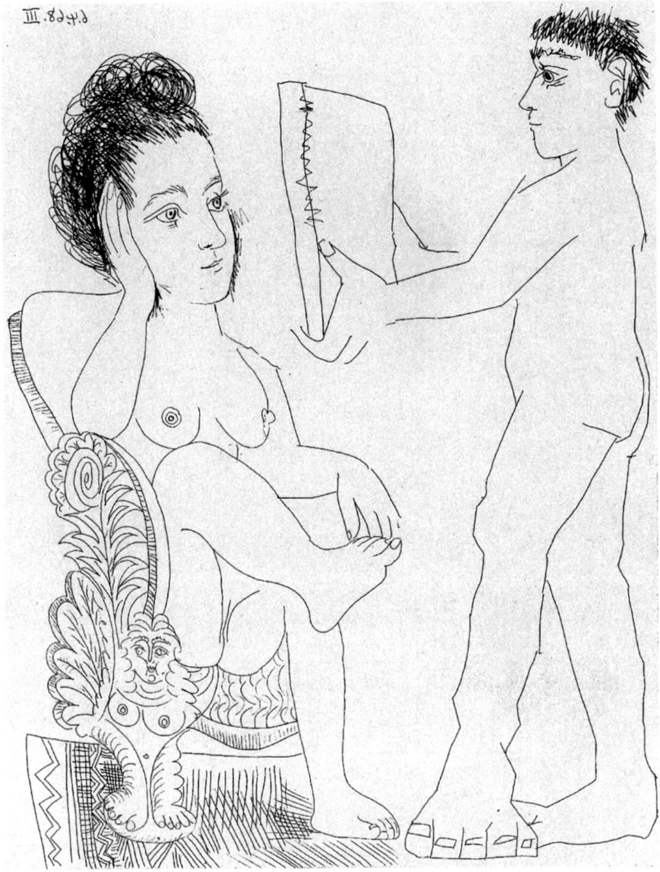

LIED VON LIEBE

Heider Hei saß bei Tine Tippe im Gras
Und helle Sonne schien
Da bat der Hei die Tine um was –
Und sie lachte sehr über ihn.
Und sie lachte sehr über ihn.

ALS ICH GING NACH SAINT NAZAIRE
Kam ich ohne Hosen
Gab es gleich ein groß Geschrei:
Wo sind deine Hosen?
Sagt ich: dicht vor Saint Nazaire
Ist zu blau der Himmel
Und der Hafer ist zu hoch
Und zu blau der Himmel.

MORGEN AUF DEM BERG ARARAT

1

Frühe, noch in derselbigen Nacht, erhob ich mich aus ihrem Bette, wie von Tauben beschmutzt, und segelte los. Ich ging vorsichtig, meine Lieben, auf Säbelbeinen, wie eine Schaluppe vor dem Wind mit zu großem Segel, todmüde lief ich umher wie ein kleiner Igel, der Überrest einer stolzen Nacht.

2

Als ich wiederkam, mit Wind geladen, schlief sie noch, wie eine Leiche über den Tüchern, schwarze Luft hing zwischen den Wänden, von dem Geruch der Liebe gesättigt. Ich rauchte eine Havannah.

DER JÜNGLING UND DIE JUNGFRAU
KEUSCHHEITSBALLADE IN DUR

Ach, sie schmolzen fast zusammen
Und er fühlte: Sie ist mein.
Und das Dunkel schürt die Flammen.
Und sie fühlt: Wir sind allein.
Und er küßte ihr die Stirne
Denn sie war ja keine Dirne –
Und sie wollte keine sein.

Oh, das süße Spiel der Hände!
Oh, ihr Herz ward wild wie nie!
Daß er die Kurasche fände
Betet er und betet sie.
Und sie küßte ihm die Stirne
Denn sie war ja keine Dirne
Und sie wußte nur nicht wie ...

Und um sie nicht zu entweihen
Ging er einst zu einer Hur
Und die lernte ihm das Speien
Und die Feste der Natur.
Immerhin ihr Leib war Lethe
Bisher war er kein Askete
Jetzt erst tat er einen Schwur.

Um zu löschen ihre Flammen
Die er schuldlos ihr erregt
Hängt *sie* sich an einen strammen
Kerl, der keine Skrupel hegt.
(Und der haute sie zusammen
Auf die Treppe hingelegt.)
Immerhin sein Griff war Wonne
Und sie war ja keine Nonne
Jetzt erst war die Gier erregt.

Und er lobte sein Gehirne
Daß es klug gewesen sei:
Als er sie nur auf die Stirne
Einst geküßt im sel'gen Mai –
Er als Mucker, sie als Dirne
Sie gestehn Scham auf der Stirne:
Es ist doch nur Sauerei.

WAS DRUCKT ES KEINER von euch in die Zeitung
Wie gut das Leben ist! Maria Hilf:
Wie gut ist Schiffen mit Klavierbegleitung!
Wie selig Vögeln im windtollen Schilf!

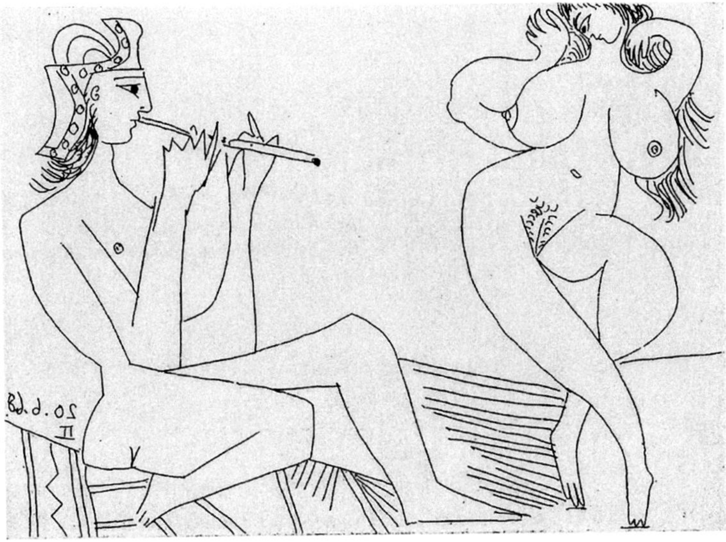

LIED DER LIEBENDEN WITWE

Ach, ich weiß, ich dürft es nie gestehen
Daß ich zittre, wenn mich seine Hand berührt
Ach, was ist mit mir geschehen
Daß ich bete, daß er mir verführt
Ach, zur Sünde schleiften mich nicht hundert Pferde
Wenn ich ihn nur nicht so sehr begehrte.

Wenn ich mir so gegen Liebe stemmte
Hab ich mich doch schließlich nur darum gestemmt
Weil ich weiß: steh ich vor ihm im Hemde
Bin ich ausgeplündert bis aufs Hemd
Als ob er sich dann um meinen Vorwurf scherte!
Wenn ich ihn nur nicht so sehr begehrte.

Ich bezweifle, ob er meiner wert ist
Ob es wirklich Liebe bei ihm ist?
Wenn all mein Erspartes aufgezehrt ist
Wirft er dann die Schale auf den Mist?
Ach, ich weiß, warum ich mich so wehrte:
Wenn ich ihn nur nicht so sehr begehrte.

Hätte ich Vernunft für sieben Groschen
Hätt ich nie gewährt, um was er leider bat
Sondern hätte ihn sogleich verdroschen

Wenn er mir, wie es geschah, zu nahe trat.
Ach, wenn er sich doch zum Teufel scherte!
(Wenn ich ihn nur nicht so sehr begehrte)

DAS ERSTE SONETT

Als wir zerfielen einst in DU und ICH
Und unsere Betten standen HIER und DORT
Ernannten wir ein unauffällig Wort
Das sollte heißen: ich berühre dich.

Es scheint: solch Redens Freude sei gering
Denn das Berühren selbst ist unersetzlich
Doch wenigstens wurd »sie« so unverletzlich
Und aufgespart wie ein gepfändet Ding.

Blieb zugeeignet und wurd doch entzogen
War nicht zu brauchen und war doch vorhanden
War wohl nicht da, doch wenigstens nicht fort

Und wenn um uns die fremden Leute standen
Gebrauchten wir geläufig dieses Wort
Und wußten gleich: wir waren uns gewogen.

SURABAYA-JOHNNY

1

Ich war jung, Gott, erst 16 Jahre
Du kamest von Burma herauf
Und sagtest, ich solle mit Dir gehen
Du kämest für alles auf.
Ich fragte nach Deiner Stellung
Du sagtest: so wahr ich hier steh
Du hättest zu tun mit der Eisenbahn
Und nichts zu tun mit der See.
Du sagtest viel, Johnny
Kein Wort war wahr, Johnny
Du hast mich betrogen, Johnny
Ich hasse Dich so, Johnny
Wie Du stehst und grinst
Nimm die Pfeife aus dem Maul, Johnny, Du Hund!
Surabaya-Johnny, warum bist Du so roh?
Surabaya-Johnny, mein Gott, ich liebe Dich so.
Surabaya-Johnny, warum bin ich nicht froh?
Du hast kein Herz, Johnny, und ich liebe Dich so.

2

Zuerst war es immer Sonntag
So lang, bis ich mitging mit Dir.
Aber dann schon nach zwei Wochen

War Dir nichts mehr recht an mir
Hinauf und hinab durch den Pandschab
Den Fluß entlang bis zur See:
Ich sehe schon aus im Spiegel
Wie eine Vierzigjährige.
Du wolltest nicht Liebe, Johnny
Du wolltest Geld, Johnny
Ich aber sah, Johnny, nur auf Deinen Mund.
Du verlangtest alles, Johnny
Ich gab Dir mehr, Johnny
Nimm die Pfeife aus dem Maul, Du Hund!
Surabaya-Johnny, warum bist Du so roh?
Surabaya-Johnny, mein Gott, ich liebe Dich so.
Surabaya-Johnny, warum bin ich nicht froh?
Du hast kein Herz, Johnny, und ich liebe Dich so.

3

Ich habe es nicht beachtet
Warum Du den Namen hast
Aber an der ganzen langen Küste
Warst Du ein bekannter Gast.
Eines Morgens in einem Sixpencebett
Werd ich donnern hören die See.
Und Du gehst, ohne etwas zu sagen
Und Dein Schiff liegt unten am Kai.
Du hast kein Herz, Johnny

Du bist ein Schuft, Johnny
Du gehst jetzt weg, Johnny, sag mir den Grund.
Ich liebe Dich doch, Johnny
Wie am ersten Tag, Johnny
Nimm die Pfeife aus dem Maul, Du Hund!
Surabaya-Johnny, warum bist Du so roh?
Surabaya-Johnny, mein Gott, warum lieb ich Dich so
Surabaya-Johnny, warum bin ich nicht froh?
Du hast kein Herz, Johnny, und ich liebe Dich so.

DAS PFLAUMENLIED

Als die Pflaumen reif geworden
Zeigt im Dorf sich ein Gespann.
Früh am Tage, aus dem Norden
Kam ein schöner junger Mann.

Als wir warn beim Pflaumenpflücken
Legte er sich in das Gras
Blond sein Bart, und auf dem Rücken
Sah er zu, sah dies und das.

Als wir eingekocht die Pflaumen
Macht er gnädig manchen Spaß
Und er steckte seinen Daumen
Lächelnd in so manches Faß.

Als das Pflaumenmus wir aßen
War er lang auf und davon
Aber, glaubt uns, nie vergaßen
Wir den schönen jungen Mann.

DIE BALLADE VON DER SEXUELLEN HÖRIGKEIT

1

Da ist nun einer schon der Satan selber
Der Metzger: er und alle andern: Kälber!
Der frechste Hund! der schlimmste Hurentreiber!
Wer kocht ihn ab, der alle abkocht? – Weiber.
Ob er will oder nicht – er ist bereit.
Das ist die sexuelle Hörigkeit.
Er hält sich nicht an die Bibel. Er lacht übers B. G. B.
Er meint, er ist der größte Egoist
Weiß, daß, wer'n Weib sieht, schon verschoben ist.
Drum duldet er kein Weib in seiner Näh
Er soll den Tag nicht vor dem Abend loben
Denn vor es Nacht wird, liegt er wieder droben.

2

So mancher Mann sah manchen Mann verrecken:
Ein großer Geist blieb in 'ner Hure stecken!
Und die's mit ansahn, was sie sich auch schwuren –
Als sie verreckten, wer begrub sie? – Huren.
Ob sie wolln oder nicht – sie sind bereit.
Das ist die sexuelle Hörigkeit.
Der klammert sich an die Bibel. Der verbessert das B. G. B.
Ein Mann – ein Christ! Ein Jud – ein Anarchist!

Am Mittag zwingt man sich, daß man nicht Sellerie frißt
Nachmittags weiht man sich noch 'ner Idee.
Am Abend sagt man: mit mir geht's nach oben
Und vor es Nacht wird, liegt man wieder droben.

3

Da steht nun einer fast schon unterm Galgen
Der Kalk ist schon gekauft, ihn einzukalken
Sein Leben hängt an einem brüchigen Fädchen
Was hat er noch im Kopf, der Bursche? – Mädchen.
Schon unterm Galgen, ist er noch bereit.
Das ist die sexuelle Hörigkeit.
Er ist schon sowieso verkauft mit Haut und Haar
Er hat in ihrer Hand den Judaslohn gesehn
Und sogar er beginnt nun zu verstehn
Daß ihm des Weibes Schoß das Grabloch war.
Und er mag wüten gegen sich und toben –
Bevor es Nacht wird, liegt er wieder droben.

ES WAR LEICHT, IHN ZU BEKOMMEN

Es war möglich am zweiten Abend.
Ich wartete auf den dritten (und wußte
Das heißt etwas riskieren)
Dann sagte er lachend: das Badesalz ist es
Nicht dein Haar!
Aber es war leicht, ihn zu bekommen.

Ich ging einen Monat lang gleich nach der Umarmung.
Ich blieb jeden dritten Tag weg.
Ich schrieb nie.
Aber bewahre einen Schnee im Topf auf!
Er wird schmutzig von selbst.
Ich tat noch mehr, als ich konnte
Als es schon aus war.

Ich habe die Mentscher hinausgeworfen
Die bei ihm schliefen, als sei es in der Ordnung
Ich habe es lachend getan und weinend.
Ich habe den Gashahn geöffnet
Fünf Minuten bevor er kam, ich habe
Geld auf seinen Namen geliehen:
Es hat nichts geholfen.

Aber eines Nachts schlief ich
Und eines Morgens stand ich auf

Da wusch ich mich vom Kopf bis zum Zeh
Aß und sagte zu mir:
Das ist fertig.

Die Wahrheit ist:
Ich habe noch zweimal mit ihm geschlafen
Aber, bei Gott und meiner Mutter:
Es war nichts.
Wie alles vorübergeht, so verging
Auch das.

ICH HABE DICH NIE JE SO GELIEBT, Ma sœur.
Als wie ich fortging von dir in jenem Abendrot.
Der Wald schluckte mich, der blaue Wald, ma sœur
Über dem immer schon die bleichen Gestirne im Westen
standen.

Ich lachte kein klein wenig, gar nicht, ma sœur.
Der ich spielend dunklem Schicksal entgegenging –
Während schon die Gesichter hinter mir
Langsam im Abend des blauen Walds verblaßten.

Alles war schön an diesem einzigen Abend, ma sœur
Nachher nie wieder und nie zuvor –
Freilich: mir blieben nur mehr die großen Vögel
Die abends im dunklen Himmel Hunger haben.

BAALS LIED

Hat ein Weib fette Hüften, tu ich sie ins grüne Gras.
Rock und Hose tu ich lüften, sonnig – denn ich liebe das.

Beißt das Weib vor Ekstase, wisch ich ab mit grünem Gras
Mund und Biß und Schoß und Nase: sauber – denn ich
liebe das.

Treibt das Weib die schöne Sache feurig, doch im
Übermaß
Geb ich ihr die Hand und lache: freundlich, denn ich
liebe das.

ERINNERUNG AN DIE MARIE A.

1

An jenem Tag im blauen Mond September
Still unter einem jungen Pflaumenbaum
Da hielt ich sie, die stille bleiche Liebe
In meinem Arm wie einen holden Traum.
Und über uns im schönen Sommerhimmel
War eine Wolke, die ich lange sah
Sie war sehr weiß und ungeheuer oben
Und als ich aufsah, war sie nimmer da.

2

Seit jenem Tag sind viele, viele Monde
Geschwommen still hinunter und vorbei
Die Pflaumenbäume sind wohl abgehauen
Und fragst du mich, was mit der Liebe sei?
So sag ich dir: Ich kann mich nicht erinnern.
Und doch, gewiß, ich weiß schon, was du meinst
Doch ihr Gesicht, das weiß ich wirklich nimmer
Ich weiß nur mehr: Ich küßte es dereinst.

3

Und auch den Kuß, ich hätt ihn längst vergessen
Wenn nicht die Wolke da gewesen wär
Die weiß ich noch und werd ich immer wissen

Sie war sehr weiß und kam von oben her.
Die Pflaumenbäume blühn vielleicht noch immer
Und jene Frau hat jetzt vielleicht das siebte Kind
Doch jene Wolke blühte nur Minuten
Und als ich aufsah, schwand sie schon im Wind.

ICH WILL MIT DEM GEHEN, DEN ICH LIEBE.

Ich will nicht ausrechnen, was es kostet.
Ich will nicht nachdenken, ob es gut ist.
Ich will nicht wissen, ob er mich liebt.
Ich will mit ihm gehen, den ich liebe.

3.9.68.II

ALS ICH NACHHER VON DIR GING

An dem großen Heute
Sah ich, wie ich sehn anfing
Lauter lustige Leute.

Und seit jener Abendstund
Weißt schon, die ich meine
Hab ich einen schönern Mund
Und geschicktere Beine.

Grüner ist, seit ich so fühl
Baum und Strauch und Wiese
Und das Wasser schöner kühl
Wenn ich's auf mich gieße.

LIEBESLIED

Man muß schon Schnaps getrunken haben
Eh man vor Deinem Leibe stand
Sonst schwankt man ob der trunknen Gaben
Von schwachen Knien übermannt.

O Du, wenn im Gesträuche kreisend
Der Wind die Röcke flattern läßt
Und man, das weiche Tuch zerreißend
Die Kniee zwischen Deine preßt.

Den Abendhimmel macht das Saufen
Sehr dunkel, manchmal violett.
Dazu Dein Leib im Hemd zum Raufen
In einem breiten weißen Bett.

Die Wiese schwankt nicht nur vom Trinken
Wenn man in Deinen Knieen liegt.
Der dunkle Himmel will versinken
Indem er sanft sich schneller wiegt.

Und Deine weichen Kniee schaukeln
Mein wildes Herz in Deine Ruh
Und zwischen Erd und Himmel schaukeln
Wir leichtgeschwellt der Hölle zu.

DAS NEUNTE SONETT

Als du das Vögeln lerntest, lehrt ich dich
So vögeln, daß du mich dabei vergaßest
Und deine Lust von meinem Teller aßest
Als liebtest du die Liebe und nicht mich.

Ich sagte: tut nichts, wenn du mich vergißt
Als freutest du dich eines andern Manns!
Ich geb nicht mich, ich geb dir einen *Schwanz*
Er tut dir nicht nur gut, weil's meiner ist.

Wenn ich so wollte, daß du untertauchst
In deinem eignen Fleische, wollt ich nie
Daß du mir eine wirst, die da gleich schwimmt
Wenn einer aus Versehn hinkommt an sie.
Ich wollte, daß du nicht viel Männer brauchst
Um einzusehn, was dir vom Mann bestimmt.

DURCH DIE KAMMER GING DER WIND
Blaue Pflaumen fraß das Kind
Vor es seinen weißen Leib
Hingab still zum Zeitvertreib.

Doch zuvor bewies sie Takt
Denn sie wollte ihn nur nackt
Einen Leib wie Aprikosen
Vögelt man nicht in den Hosen.

Wirklich bei dem wilden Spiel
War ihr keine Lust zuviel.
Danach wusch sie sich gescheit:
Alles hübsch zu seiner Zeit.

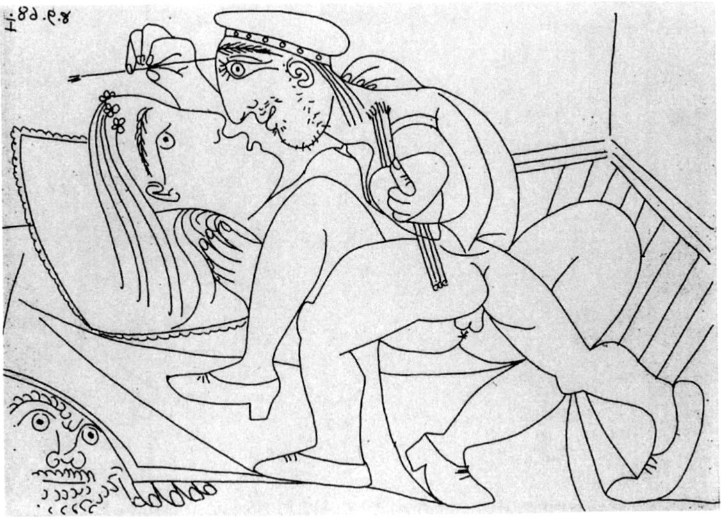

LIEBESGEWOHNHEITEN

Es ist nicht so, daß der Genuß nur bleibt.
Oftmals verspürt, steigt er noch oftmals an.
Das noch einmal zu tun, was wir schon oft getan
Das ist es, was uns so zusammentreibt.

Dies kleine Zucken deines Hintern, längst
Erwartet schon! O deines Fleisches List!
Dies angenehme, was das Zweite ist
Wonach du mit erstickter Stimme drängst!

Dies Aufgehn deiner Knie! Dies sich Begattenlassen!
Dies Zittern dann, durch das mein Fleisch erfährt
Daß kaum gestillte Lust dir wiederkehrt!
Dies faule Drehn! Dies lässig nach mir fassen
Wenn du schon lächelst!
                                        Ach, so oft man's tut:
Wär's nicht schon oft getan, wär's nicht so gut!

GARDINENPREDIGT

Sei doch einmal ein netter Junge
Und paß auf deine arme Lunge!

Und sei so artig und honett
Und laß die Zeitung weg im Bett!

Zieh mich nicht auch in deinen Pfuhl
Und trink nicht Schnaps im Schaukelstuhl!
Du weißt genau, daß ich es büße!

Wann wäschst du eigentlich die Füße?!

Ein andrer würde sich ja schämen
Die »Worte« in den Mund zu nehmen!

Schäm dich, zwischen den Zehn zu fischen
Und dich am Bettuch abzuwischen!

Rasiert bist du auch wieder wie
Ein Schwein und Pickel wie noch nie!

Und mußt du denn die Virginien rauchen
Wo wir das Geld so schrecklich brauchen!
Du riechst davon nur aus dem Mund

Ja, was ich sagen wollte, – und
Sei doch einmal ein netter Junge
Und küß mal wieder mit der Zunge!

1

VON SEIDE BUNT UMGLÜHT wie von *Orange*
Von schmalem Schlitz entblößt ein Inkarnat
Das rot und schimmernd leuchtet wie vom Bad
Du spürst es auf der Zunge wie *Melange*

2

Und wie die Frucht von Schale eingeschnürt
So war dies Fleisch in diesem Schawl verschält
Und wie die Schale springt, wenn sie berührt
Und wie die Frucht der Schale leicht entfällt

3

So fiel der Schawl und jenes Inkarnat
Das ganz entblößt ihm nun die Hände füllt
Und rot und schimmernd leuchtet wie vom Bad
War einzig noch von einem Kruzifix verhüllt
Das auf dem Fleisch hing wie an schwarzer Naht.

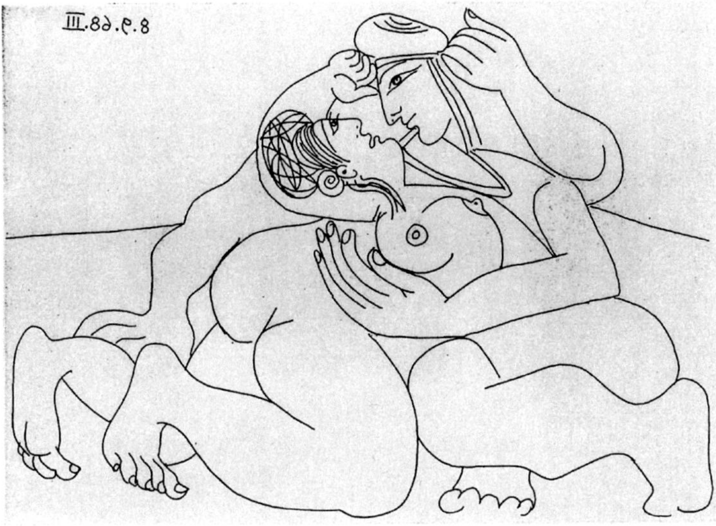

ÜBER DIE VERFÜHRUNG VON ENGELN

Engel verführt man gar nicht oder schnell.
Verzieh ihn einfach in den Hauseingang
Steck ihm die Zunge in den Mund und lang
Ihm untern Rock, bis er sich naß macht, stell
Ihn, das Gesicht zur Wand, heb ihm den Rock
Und fick ihn. Stöhnt er irgendwie beklommen
Dann halt ihn fest und laß ihn zwei Mal kommen
Sonst hat er dir am Ende einen Schock.

Ermahn ihn, daß er gut den Hintern schwenkt
Heiß ihn dir ruhig an die Hoden fassen
Sag ihm, er darf sich furchtlos fallenlassen
Dieweil er zwischen Erd und Himmel hängt –

Doch schau ihm nicht beim Ficken ins Gesicht
Und seine Flügel, Mensch, zerdrück sie nicht.

LIEBESLIED AUS EINER SCHLECHTEN ZEIT

Wir waren miteinander nicht befreundet
Doch haben wir einander beigewohnt.
Als wir einander in den Armen lagen
Warn wir einander fremder als der Mond.

Und träfen wir uns heute auf dem Markte
Wir könnten uns um ein paar Fische schlagen:
Wir waren miteinander nicht befreundet
Als wir einander in den Armen lagen.

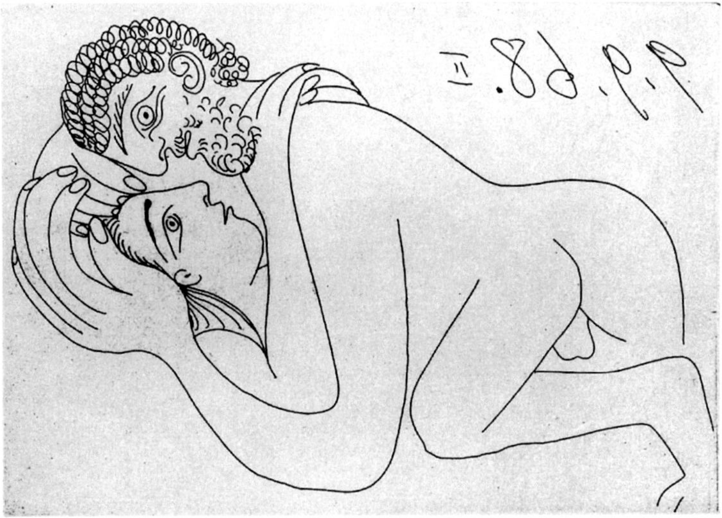

ENTDECKUNG AN EINER JUNGEN FRAU

Des Morgens nüchterner Abschied, eine Frau
Kühl zwischen Tür und Angel, kühl besehn
Da sah ich: eine Strähn in ihrem Haar war grau
Ich konnt mich nicht entschließen mehr zu gehn

Stumm nahm ich ihre Brust, und als sie fragte
Warum ich, Nachtgast, nach Verlauf der Nacht
Nicht gehen wolle, denn so war's gedacht
Sah ich sie unumwunden an und sagte

Ist's nur noch eine Nacht, will ich noch bleiben
Doch nütze deine Zeit, das ist das Schlimme
Daß du so zwischen Tür und Angel stehst

Und laß uns die Gespräche rascher treiben
Denn wir vergaßen ganz, daß du vergehst
Und es verschlug Begierde mir die Stimme

TEXTNACHWEIS

Alle Texte sind dem Band »Bertolt Brecht. Die Gedichte«, herausgegeben von Jan Knopf, Suhrkamp Verlag Frankfurt am Main 2007, entnommen.

NACHWEIS DER ILLUSTRATIONEN

INHALT

 Bezugspapier: Gisela Reschke, Hamburg. Gesetzt in der Schrift Syntax. Gedruckt auf holzfreies, alterungsbeständiges mattgestrichenes Papier der Firma Papier Union, Hamburg, von der Memminger MedienCentrum AG, Memmingen. Gebunden in Fadenheftung von der Josef Spinner Großbuchbinderei GmbH, Ottersweier. Dieses Buch wurde klimaneutral produziert: climatepartner.com/14438-2110-1001. Printed in Germany. Erste Auflage 2015. ISBN 978-3-458-19408-8.

www.insel-verlag.de